VERSOS DES-A(L)MADOS

Fernando León

VERSOS DES-A(L)MADOS

Colección Leche de Burra

Poesía

editamás

Primera edición: julio 2025

Foto de solapa: Christian Polanco
Dibujos a plumilla de cubiertas e interior: Fernando León

EDITA:
Editamás, editorial y contenidos digitales

The mark of responsible forestry

DEPÓSITO LEGAL:
BA-000449-2025

ISBN:
978-84-120502-5-7

MAQUETACIÓN, IMPRESIÓN Y PEDIDOS:
www.editamas.com
924 18 07 91

In memoriam: Manuel Pacheco, Jesús D. Valhondo, J. M. Robles, Andrés Sorel, Ramón y B. V. Carande, Ricardo Puente, Reyes, Inés M. Manuela Castaño, María de los Ángeles, Josechu, Fernando Masedo, José G. Tejedor, Manolo Rojas, Andrés Chordi, Andrés Chordi, Carmelo Solís, Francisco Tejada, Paco Pedraja, Pedro Gómez, Javier Leoni, Goyo, Fernando Pérez, Mariángeles, Luis Pilar, José L. Pazos, Antonio Covarsí, Rogelio Durán, Paco Pérez, Jesús y Henry Medina, Joaquín Beltrán, Enrique Higuero, Fernando Lozano, Joaquín, Vegas, Diego Perales, Ángel Campos, Antonio Franco, Víctor Chamorro, Gonzalo Sánchez, Domingo Frades, Estrella Colomo, Rafa Callejo, Luis Costillo, Paco Muñoz, Javier Bodas, Santiago Castelo, Angelito, Evaristo Navarrete, Eugenio Rejas, Julián Pineda, Alejandro Pachón, Miriam F. Rúa, María Dolores G. Tejedor, Luis Ledo, Juan Villalobos, Paco Zambrano.

prefacio

Nos hallamos en un contexto civilizatorio en torno a la poesía en tiempos difíciles -y ricos-, que aun con amenazas e incertidumbres espero sea cada vez más vivo de convivencia pacífica, tolerante, creativa; con buen uso de la palabra, la razón, la política, la ciencia, el pensamiento y el arte para que los jóvenes no sean la parodia de profecía autocumplida que procuran sectores involucionistas que prostituyen el lenguaje para instalar un relato para justificar totalitarismos. La palabra y las lenguas son para comunicar y crear, no para hacer ruido. Para Borges, «la palabra es lo intrínseco». Y Hölderlin pide en *El Archipiélago* «Déjame escuchar el silencio en tus profundidades».

Con crisis climática, hambrunas, epidemias, pobreza, desigualdades, guerras, depredación de recursos, desinformación, desplazamientos masivos de refugiados e inmigrantes, parece que el mundo se va por un sumidero. Es el mensaje que los caudillos quieren instalar en la opinión pública, con el fin de hacer ver que la democracia y la institucionalidad no sirven, cuando lo cierto es que son la base para la convivencia y un desarrollo sostenible sustentado en los derechos humanos, cívicos, políticos, socioeconómicos, laborales, de igualdad y de justicia social. En realidad hay datos esperanzadores; índices que indican que se van resolviendo problemas, de poco a poco, no de modo uniforme ni todo el tiempo en todos los sitios, pero sí, con mucho esfuerzo se avanza. Y la poesía, como el resto de las artes, es un punto clave civilizatorio. Sí, es útil en su esencia creadora para iluminar en la oscuridad, nutrir la mente y el corazón, sanar heridas del alma y remover los panales del *statu quo* para polinizar los ecosistemas humanos.

María Zambrano propone en su *Razón poética:* «La poesía vendría a ser el pensamiento supremo para captar la realidad íntima de cada cosa, la realidad fluyente, movediza, la radical heterogeneidad del ser»; superando «la dicotomía entre la razón estrictamente lógica y la intuición», unidas en una noción superior que desarrolla en *La Razón en la sombra* y en *Claros del bosque,* explorando «la relación entre pensamiento racional y lo poético» para «comprender la realidad desde una perspectiva más completa y humana». Y aunque el consenso sobre realidad parece hoy roto, aún fortalece *la razón poética* que desmitifica el baudelairiano «ser sublime sin interrupción», tan purista, y tan agotador.

La razón poética -y su dimensión ética- que Zambrano halla en Parménides, Juan de la Cruz, Hölderlin, Machado, Heidegger, o Unamuno -que también ejercita el gremio *Maldito* , Baudelaire, Mallarmé, Rimbaud, o Nerval, Poe, Artaud, L´isle Adam, Kerouac, Ginsberg, Panero o Haro Ibars, cada uno en su ser-, lleva a «estar en la vida comprendiéndola en completud» y a buscar la propia. Como Celaya -cantado por Paco Ibáñez y Serrat-, no concibo la poesía «como un lujo cultural de los neutrales», ni lujo a secas; y su «arma cargada de futuro» -«de bromuro», diría Panero-, tiene sentido como metáfora de resistencia, como el de «alegría» para Almudena Grandes.

Escribe Heidegger en *Hölderlin y la esencia de la poesía* : «Sólo la poesía, que es la esencia del lenguaje, puede preparar adecuadamente el advenimiento del ser». Huidobro dice en *Altazor* : «Un poema es una cosa que nunca es, pero que debería ser». Virgilio lo condensa en un verso que puede explicar el mundo: «Los árboles se han repartido sus patrias». Baja a la calle Alberti en su *Encuentro metafísico* : «Hoy me tropecé con la vida en una esquina». Pacheco tiene en su «estética antipoética» la razón «de los desheredados». Valhondo halla en la poesía «el conocimiento del hombre». Ángel Campos desvela y oculta en *Cal-i-grafías* : «El día no contiene los espacios / ni el vacío habitable del poema / la imagen del que lo escribe.» Y Pessoa interpreta en *El poeta es un fingidor*, musicado por Silvia Pérez Cruz, que «El poeta es un fingidor. / Finge tan completamente / que hasta finge que es dolor / el dolor que en verdad siente».

Sirva esta introducción para compartir la razón poética del proyecto editorial *Colección Leche de burra*, expresamente creada para esta edición, que consta de cuatro inéditos: *Pasajero en la niebla, La piedad del crimen, Poemas en busca de libro* y *Versos des-a(l)mados;* y la reedición de *Babel - Al Límite* (opúsculos libros-objeto), *La pasión de un loco, Guillermina* –de 1983 a 2023, selección revisada y con algún texto más reciente–, y *Código iris* (2023/24). La edición es como lote de los ocho libros, o bien cada uno individualmente, diseñada con el esmero y la pulcritud con que se ha creado su contenido, que se presentó en una lectura pública titulada *De quimeras y entelequias* , en el Aula Ámbito Cultural, de Badajoz, en abril de 2025.

Versos des-a(l)mados muestra una serie de textos (de los 90 a 2023), que han fraguado de forma reposada cada poema, con entrada y/o salida según dictaba cada relectura hasta cerrar la edición.

Las composiciones de este cuaderno configuran una mirada –un punto de vista– y una razón poética al afrontar unas temáticas abiertas, como tentación, como propuesta que cuestiona y arrastra con cierta ironía una carencia de alma y de amor, como propone el título, pero que en realidad no es sólo que no sea del todo cierto, sino que bien pudiera ser lo uno y su contrario, valiéndose de este juego de palabras para desentrañar el significado más o menos oculto/ evidente de los versos.

Así aborda el libro desde el amor/desamor; la soledad libre o metafísica; la (des)esperanza; la ajenidad; *inputs* emocionales, hasta fogonazos impresionistas y de surrealismo, en torno a la muerte, al abandono, la despedida o la ausencia como algo siempre subyacente. Pasando, además, por el silencio, el vacío, o el tiempo; la sublimación; una ética de contexto; el fracaso; la tradición; el viaje; el conocimiento, o la lectura.

Y en todo ello un sentido poético de mixtura biológico-mental más allá de la razón y la emoción, como complemento a tenor de *La razón poética* propuesta por María Zambrano. Y en esa tensión entre pérdida, carencias, o (re)encuentros se estructura como en una suerte de textos apátridas, solitarios, si bien agrupados en una red que los cobija y les da un sentido reforzado como elementos de un mallazo poético que vertebra el esqueleto de la construcción literaria que define el título del libro; a lo mejor, quizá, como un guiño en busca de complicidad. Y que conforman un universo propio en un contexto digamos, insurrecto.

«Déjame escuchar el silencio en tus profundidades.»
(*El Archipiélago*, F. Holderlin)

«Dad al sueño también lo que es del sueño.»
(*Segundo Sueño*, Gerardo Diego)

«Cuando se hundieron las formas puras / bajo el cri cri de las margaritas, / comprendí que me habían asesinado.»
(*Poeta en Nueva York*, F. G. Lorca)

No hay paraíso:
ni nuevo
ni perdido.
Nunca hubo
ni habrá;
sólo entelequia.

No hay refugio
fuera de lo que eres
de lo que crees.

Concretas la nada
en abstracto
de alguien
y describes su todo cósmico.

Así vives exiliado
en lo que sueñas
en lo que escribes:
una quimera rociada de anhelos.

Bebe besos labiales
lengua de rana
pubis de capricho
barriga gordita
estancia líquida
improvisada para la lenta
paz de agonías y caricias
redondas a veces
o volátiles
a veces oblicuas.

Poesía,
mirar –cómo–
el mundo;
filtro-intérprete,
pensar --cómo–
una idea:
construirla;
disolver –cómo–
un estado
físico-químico:
etéreo;
descomponer --cómo–
una imagen;
cristalizar –cómo--
un concepto
que precipita
para edificar
–cómo--
un verso.

Cargado de estigmas
junto a la puerta del alma
en su prisión aguarda su turno.

Tan lejos sus sueños
de las primeras lluvias,
cuando las golondrinas volaban
aún de noche, bajo
el apacible calor de las farolas.

Ante el espejo
róza-lo/casi-acaricia
con las yemas de los dedos
exhala sobre la superficie
el aliento
e inquiere
con efecto
in-verso
si será gentil.

Condensa el vaho su respiración
en pausa se evapora
y el óxido de plata
tras el azogue
responde:

Si alguna vez
alguien
después de amar
te amó,
en ese trance
te otorgó su belleza.

Descríbeteme.
Quién eres cuando transitas
callejas donde los barcos vuelan
bajo tierra y al galope arrojas
                                        tu montura al barro.

Quién esa metamorfosis de amazona en ángel
caído que despliega sus alas híbridas
de mariposa y murciélago que se elevan
                                                  entre ciclones.

Quién, que
          tan fatigoso
                    resulta
                         seguirte.

Acusando lágrimas
de tinta
nada imperecedero se ha de escribir.
Mas tú
mereces
ser eterna.

Cuando ellas te miran
con curiosidad
y a otros miran
con deseo

Desde la ajenidad
impune
de su rotunda presencia
incólume
te matan
si no mueres
y mueres
si no te matan

Duélete pues de la evidencia
aferrado al último eslabón
que te amarra a la precariedad
de su indolente ausencia.

Ya nada me cuentas, muerto amigo.
La tierra se come las palabras;
sepulcro insaciable de canciones y lenguas.

Reposan los vocablos y el aire
no rompe las diáfanas ondas de silencio
eterno. Escucho temeroso mis latidos
que hoy no vibran, ausentes como los tuyos.

Envejece tu carne con el jugo
vegetal de las amapolas, sin la suave
cadencia de las horas y sus fracciones.

Sumidas quedan las voces por los cauces
telúricos y, rota la garganta ya, no te dignas
amasar los alientos y traducirlos a verbos
de la vida enamorados.

Ciego permanece
el silencio en su soledad
satisfecho.

En este no ser
desfallezco
de pura nada.

Vacío
el tiempo
me galopa
de la *a* a la *zeta*
en todas
las lenguas muertas.

Mejor que lo sublime goce del abrazo
de su entorno.
No cabe belleza sin ética de contexto.

Si acaso la intuyeras,
rodeada de miseria,
será una virtud que la extiendas,
que la ofrezcas,
o sólo
será cuestión de tiempo
que te explote
en la cara.

Una voz
una sección de cuerda
y mi amor
                    abstracto
es cuanto tengo
                                para ti
esta noche de emergencia
de vino y de mantas
en una azotea del casco viejo.

Tus dedos
mis dedos
más dedos
junto a otros dedos
entre muchas manos
moldearán lo indefinido
del tiempo
                  para darle
un sentido a esta simbiosis
enajenada.

Puedo partir con unos versos bajo el brazo
un bolero en la memoria
que inunda el aposento,
con un adiós tras los visillos
tras los cristales,
con el llanto de una niña
el brinco de otra niña
y un beso
en la mejilla
hasta siempre,
para siempre.

Y se quedó atrás
                    detrás del último
                    delante del perro
y al perro le cedió el paso
más no quiso dejar su pedestal.

Caminó junto a la chiquilla más flaca
las vacas pastaban
saltó el charco
se acercó a la casa
y llegó su amada
y   su amada se fue.

Y se quedó solo
y otra vez se quedó solo
                    se quedó atrás
                              detrás del último
                              delante del perro.

Cómo mando callar párpados y pestañas;
cómo pido al iris que escuche encaramado
a crestas de armonías arboladas.

Cómo abrir las venas a un poema-río; que su sangre
vierta en cascadas y rompa al caer los engranajes
del reloj telúrico que marca el compás al silencio.

Cómo se exprime el cristal que enturbia
velos y trasluce las fisuras que dinamitan
montes y dejan que el verso discurra libre.

Cómo se vive en colores que acrisolan tu cuerpo.
Vé, roba los néctares a Baco, compárteme y que
unos labios carnosos te besen sin conmiseración.

Fructifican ritos de fuerza y muerte
que drenan pústulas, llagas y babas
que el victimario ofrece en crudo.

Rota la razón, el culto degrada
al oficiante que martiriza
al chamarilero,

mercader de detritus,
y a la víctima que compra sus propios
despojos.

Merde de poète.

Era una propuesta solícita bajo paraguas
de paseo, una tarde con olor a tierra
húmeda que permitía el contacto
piel con piel;
zona de nadie,
como frontera,
parodia costumbrista bajo la lluvia, correr
al resguardo de una guarida revelada.

Era un viaje en segunda clase, un amor
escurridizo con palabras que dolían.

Converge el mundo y a la vez
se disgrega del núcleo que, extrapolado,
mortifica la existencia de quien, loco,
aguarda purgar la culpa de tener biblioteca,
aun plebeya, y no conocerla hasta sus confines.

Libros con veneno en su papel que desvelan
líneas oscuras o transparentes de la muerte
y el conocimiento, que afectan sólo
a los humanos, pues los dioses ni las precisan.
Y *El Aleph* deviene en silogismo falso.

El libro Versos des-a(l)mados de la colección
LECHE DE BURRA
terminó de editarse e imprimirse
el día 30 de Julio de 2025
en los talleres gráficos de
Editamás editorial de Badajoz.